🌸 글 **조수연(호시담심리상담센터)**

서울대학교에서 교육 상담 전공으로 박사 학위를 받았습니다. 2006년부터 사람의 마음에 대한 전문 활동을 시작하였고, 한국상담심리학회 및 한국상담학회 주수련 감독급 상담 전문가입니다. 현재 호시담심리상담센터 대표 상담자 및 서울대학교 교육학과 강사로 재직하고 있습니다. 특히 대인 관계, 성격, 자존감, 의사소통, 학교 상담에 집중하면서 심리 검사 개발과 심리 상담 및 연구, 강의를 활발하게 하고 있습니다. 현장 전문가로서 전국 학교 상담 전문가들의 교육 나눔 모임 <오름 클래스>를 기획, 운영하고 있습니다.

호시담심리상담센터: www.hosidampsy.com
당신의 포레스트 심리검사연구소: www.ur4rest.com
조수연의 마음쉼표: https://audioclip.naver.com/channels/4119

⭐ **함께 생각을 담은 호시담 사람들**

· **조희진 | (주)호시담 상담 사업 본부장**
  한성대학교 상담 심리 전공 석사
  한국 MBTI 연구소 일반 강사

· **임수정 | (주)호시담 연구원**
  성균관대학교 교육학과 석사

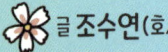 그림 **소윤**

2016년에 웹툰 『그림자 밟기』를 연재했으며 지금은 <케이툰>, <네이버 시리즈>, <왓챠> 등에서 서비스하며 새로운 작품을 준비하고 있습니다.

❷ 친구 관계

초판 1쇄 발행 2022년 6월 27일
초판 12쇄 발행 2025년 6월 25일

글 조수연(호시담심리상담센터) **그림** 소윤

펴낸이 김선식
펴낸곳 다산북스

부사장 김은영
어린이사업부총괄이사 이유남
책임편집 윤보황 **디자인** 이정아 **책임마케터** 김희연
어린이콘텐츠사업2팀장 이지양 **어린이콘텐츠사업2팀** 이정아 윤보황 류지민 박민아
어린이마케팅본부장 최민용 **어린이마케팅1팀** 안호성 이예주 김희연
편집관리팀 조세현 김호주 백설희 **저작권팀** 성민경 이슬 윤제희 **기획마케팅팀** 류승은 박상준
재무관리팀 하미선 임혜정 이슬기 김주영 오지수
인사총무팀 강미숙 이정환 김혜진 황종원
제작관리팀 이소현 김소영 김진경 이지우 황인우
물류관리팀 김형기 김선진 주정훈 양문현 채원석 박재연 이준희 이민운

출판등록 2005년 12월 23일 제313-2005-00277호
주소 경기도 파주시 회동길 490 **전화** 02-704-1724 **팩스** 02-703-2219
다산어린이 카페 cafe.naver.com/dasankids **다산어린이 블로그** blog.naver.com/stdasan
종이 스마일몬스터 **인쇄** 한영문화사 **제본** 대원바인더리 **후가공** 평창피앤지

ISBN 979-11-306-2342-9
          979-11-306-2341-2 77190(세트)

+ 책값은 표지 뒤쪽에 있습니다.
+ 파본은 본사와 구입하신 서점에서 교환해 드립니다.
+ 이 책은 저작권법에 의하여 보호를 받는 저작물이므로 무단 전재와 복제를 금합니다.

| **품명**: 도서 | **제조자명**: 다산북스 |
| **제조국명**: 대한민국 | **전화번호**: 02)704-1724 |
| **주소**: 경기도 파주시 회동길 490 |
| **제조년월**: 판권 별도 표기 | **사용연령**: 8세 이상 |

※ KC마크는 이 제품이 공통안전기준에 적합하였음을 의미합니다.

글 조수연(호시담심리상담센터) | 그림 소윤

다선
어린이

머리말

MBTI로 서로의 성격을 이해하고
더 멋진 우리가 될 수 있기를

사람에게는 누구에게나 성격이 있어요. 그리고 각자의 성격은 다른 매력을 가지고 있답니다. 그래서 같은 상황에 있더라도 저마다 경험한 것과 성격이 다르기 때문에 서로 다른 생각과 행동을 하게 되지요.

성격의 차이는 자연스럽게 나와 친구, 가족 등 서로에게 영향을 주게 됩니다. 서로에게 새로움을 느끼게 하고 즐거운 시간을 선물하지요. 하지만 때로는 성격이 서로 다르기 때문에 아무리 아끼고 사랑하는 친구나 가족이라도 불편하고 힘든 시간을 보내는 경우가 있어요. 이럴 때 우리의 성격과 모습이 어떻게, 어떤 것이 비슷하고 다른지 이해한다면 모두가 조금 더 행복한 시간을 보낼 수 있지 않을까요?

그런 의미에서 여러분이 쉽고 흥미롭게 나와 친구의 성격을 이해할 수 있도록 이 책에 MBTI 성격 유형에 대한 이야기를 담았습니다. 이 책을 읽고 여러분이 서로의 성격을 이해하고 몰랐던 모습을 재발견하며 더 멋진 우리가 될 수 있기를 응원합니다. 그리고 MBTI가 누군가를 '이런 사람'이라고 고정된 틀 속에 넣어 단정 짓는 것이 아니라, 그동안 다 알지 못한 우리의 순간을 조금 더 이해할 수 있도록 돕는 실마리가 되는 것임을 이해하면 좋겠습니다.

호시담심리상담센터
조수연

이 책의 특징

만화
재미있는 만화를 통해 MBTI 성격 유형별 특징을 알고, 나와 친구를 이해할 수 있습니다.

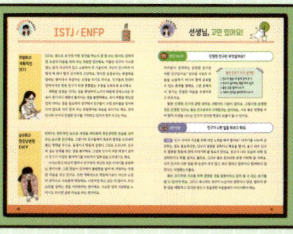

정보
호시담 선생님의 성격 이야기로 MBTI 유형별 성격을 자세히 살펴보고, 호시담 상담실에서 고민을 해결할 수 있습니다.

MBTI 돋보기
만화와 정보에서 읽은 MBTI 성격 유형별 친구 관계와 특징을 한눈에 볼 수 있습니다.

MBTI 포토 카드
귀여운 MBTI 캐릭터 포토 카드 열여섯 장이 들어 있습니다. 나와 친구, 가족의 MBTI 성격 유형을 알아보고, 해당하는 캐릭터에 이름을 적어 보세요. 그리고 함께 이야기를 나눠 보면 잘 알지 못했던 서로의 매력을 느낄 수 있습니다.

차례

유형 네컷
- I & E ········ 10
- S & N ········ 12
- T & F ········ 14
- J & P ········ 16

프롤로그
- 너와 나의 MBTI ········ 22
- MBTI 성격 유형으로 친구 관계를 알아봐요. ········ 29

1장
- ISTJ / ENFP ········ 30
- 호시담 상담실 ········ 41
- 진정한 친구란 무엇일까요?
- 고민 : 친구가 나쁜 일을 하려고 해요.

2장
- ISTP / ENFJ ········ 42
- 호시담 상담실 ········ 53
- 친구에게 다가가기
- 고민 : 친구가 따돌림 당하는 것 같아요.

3장 ISFJ / ENTP ·········· 54

호시담 상담실 ·········· 65
친구는 많아야 할까요?
고민 : 단짝 친구와 싸우면 혼자가 될까 봐 걱정돼요.

4장 ISFP / ENTJ ·········· 66

호시담 상담실 ·········· 77
좋아한다는 마음
고민 : 서로 좋아하면 스킨십 해도 되나요?

5장 INTJ / ESFP ·········· 78

호시담 상담실 ·········· 89
친구와 좋은 관계를 유지하는 법
고민 : 저랑 다툰 친구가 제 험담을 하고 다녀요.

6장 INTP / ESFJ ·········· 90

호시담 상담실 ·········· 101
새로운 우정을 준비하기
고민 : 단짝 친구 외에 다른 친구와 놀고 싶지 않아요.

차례

INFJ / ESTP ·········· 102

호시담 상담실 ·········· 113
친구와 잘 화해하는 법
고민 : 친구와 절교해서 너무 슬퍼요.

INFP / ESTJ ·········· 114

호시담 상담실 ·········· 125
나는 나의 첫 번째 친구
고민 : 우울한 기분에서 벗어나기 어려워요.

우정은 아름다워 ·········· 126

유형별 친구 관계 ·········· 132
모아 보기 ·········· 136
정식 MBTI 검사 안내 ·········· 154

✿ 일러두기 ✿

MBTI 성격 유형이란?

MBTI는 카를 융이라는 유명한 심리학자의 성격 이론을 바탕으로 이사벨 마이어스와 캐서린 브릭스라는 모녀 심리학자가 개발한 성격 유형 검사입니다. 융은 사람이 태어나면서부터 타고난 성격이 있고, 그 성격을 통해 똑같은 상황에서도 서로 좋아하는 것이 다르다고 성격에 대해 설명해요.

MBTI 성격 유형은 각 유형마다 타고난 강점을 활용하고 단점을 보완하면서 성장할 수 있는 방향을 제시해 준답니다. 나의 성격과 친구의 성격을 함께 이해하면서 서로의 매력을 기억하면 더욱 좋을 것 같아요.

MBTI의 선호 지표

MBTI 성격 유형은 아래 그림과 같이 네 가지 기준으로 구분해요. 이 기준을 '선호 지표'라고 불러요. 성격 유형 검사를 통해서 어느 쪽 성향이 더 나타나느냐에 따라서 E혹은 I와 같은 이니셜이 결정되지요.

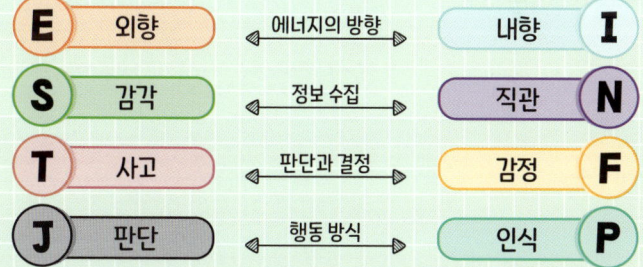

열여섯 가지 MBTI 성격 유형

첫 번째부터 네 번째 자리까지 선호 지표의 이니셜을 순서대로 나열하면 총 열여섯 가지 서로 다른 성격 유형이 나타나요.

ISTJ ISTP ISFJ ISFP ESTJ ESTP ESFJ ESFP
INTJ INTP INFJ INFP ENTJ ENTP ENFJ ENFP

첫 번째 이니셜 I & E

내 마음의 에너지 방향

성격 유형의 첫 번째 자리 이니셜은 내 마음의 공이 통통 튀어 가는 방향, 즉 내가 주의를 기울이는 방향을 의미해요. 나의 내부에 주의를 집중하는 것이 내향형 I, 나의 외부 환경에 주의를 집중하는 것은 외향형 E입니다.

내향형 I의 특징

나의 내면에 주의를 집중하는 것은 단골집에서 조용히 한 가지 음식을 먹는 것에 비유할 수 있어요. 단골집에서는 메뉴를 보고 이것을 시킬지 말지, 인터넷 검색도 해 보며 천천히 정할 수 있죠. 결국 자신만의 공간에서 조용하고 신중하게 활동을 하는 것입니다.

말이나 행동으로, 겉으로 드러나지는 않지만 내면에서는 활발한 활동이 일어나고 있어요. 충분히 생각한 후에 행동하니 말보다는 글 쓰는 것을 편안하게 느끼지요. 자기만의 시간에 집중할 때가 많다 보니 많은 사람과 어울리기보다는 소수의 사람과 어울릴 때 편안함을 느끼고 혼자 사색에 잠기며 에너지를 충전해요.

외향형 E의 특징

반대로 나의 외부 환경에 주의를 집중한다는 것은 뷔페에 가서 음식을 먹는 것에 비유할 수 있어요. 뷔페는 사람들로 북적이고 여러 가지 음식을 내가 직접 골라 담아 와야 하지요. 깊게 고민하기보다 끌리는 대로 우선 담아 와서 먹어요.

나의 외부 환경에 주의를 집중하게 되면 자연스럽게 활동량이 많아지고 친구 관계는 넓어져요. 생각하기 전에 손발이 먼저 앞서 나갑니다. 그러니 표현 방식도 글보다 말이 더 편안하겠지요. 에너지를 소모하는 것 같지만 외향형은 오히려 이렇게 밖으로 에너지를 발산하면서 자신의 에너지를 충전해요.

게임할 때 유형

I 내향형

친구들과 게임 하는 것도 좋지만, 혼자 하는 게 더 편해.

#조용함 #나의마음에집중

E 외향형

오른쪽! 옆에 조심해!
나이스~
나 힐 줘!

역시 게임은 다 같이 떠들면서 하는 게 재밌어!

#활발함 #외부환경에집중

두 번째 이니셜 S & N

정보를 받아들이는 방식의 차이

성격 유형의 두 번째 자리 이니셜은 대상에 대한 정보를 이해하고 수집하는 방식을 의미해요. 현실에서 눈에 보이는 사실적이고 구체적인 정보를 수집하는 것은 감각형 S, 미래의 가능성에 초점을 맞춰 새로운 큰 그림에 해당하는 정보를 수집하는 것이 직관형 N입니다.

감각형 S의 특징

감각형이 정보를 수집하는 방식은 빽빽한 숲에서 나무를 보는 것에 비유할 수 있어요. 나무 하나하나를 세심하게 관찰하듯이 지금 경험하는 것에 주의를 기울여 구체적인 정보를 수집해요.

예를 들어 빨간 사과 사진을 보고 바로 떠오르는 것을 말해 보라고 하면 '빨갛다', '새콤달콤', '아삭아삭' 같은 느낌 위주로 이야기를 해요. 감각과 연결된 사실적인 정보를 주로 말하지요. 이러한 정보는 보통 경험과 상식을 따르는 게 많아요. 감각형은 꼼꼼하고 철저하게 정보를 수집하고, 단계에 따라 하나씩 처리하지요.

직관형 N의 특징

직관형이 정보를 수집하는 방식은 나무 하나하나를 꼼꼼하게 살피지는 않지만 숲 전체를 보는 것에 비유할 수 있어요. 직관형은 미래나 보이지 않는 가능성 또는 새로운 상상에 관심을 기울입니다. 기존에 해 오던 방식을 지키기보다는 자신만의 생각을 새롭게 만들어 내는 것을 좋아해요.

예를 들어 빨간 사과 사진을 보고 '백설공주', '원숭이 엉덩이', '할아버지가 보내 주신 사과 한 박스' 같은 이야기를 하지요. 사과가 자신에게 갖는 의미, 사과를 보고 떠오르는 다른 사물이나 소재에 관심을 기울이는 것이죠.

일기 쓸 때 유형

S 감각형

#사실과경험   #구체적인정보수집

N 직관형

#미래와가능성   #상상하며정보수집

세 번째 이니셜 T & F

판단을 내리는 기준

성격 유형의 세 번째 자리 이니셜은 결정하거나 판단을 내리는 기준에 따라 구분돼요. 객관적인 사실에 따라 결정하는 것은 사고형 T, 사람들과의 관계나 조화로움을 위한 결정을 하는 것이 감정형 F입니다.

사고형 T의 특징

사고형의 관심 주제는 뜨거운 가슴보다는 차가운 머리, 즉 객관적인 진실입니다. 옳고 그름, 원인에 따른 결과 등이 원리와 원칙대로 공정하게 진행되는지가 사고형의 시선이랍니다. 중요한 것의 판단 기준이에요. 내가 뭔가를 선택하거나 결정할 때 객관적인 논리와 근거가 중요하죠. 말로 설명할 때도 사실 위주의 설명을 선호합니다.

따라서 친구의 의견이나 어떤 사물을 관찰할 때도 그것에 대한 사실이나 오류를 콕 집어냅니다. 어려운 문제나 갈등이 있는 상황에서는 차분하게 관찰자로서 이 문제의 원인이 무엇이며 어떻게 해결해야 하는지를 잘 제시하지요.

감정형 F의 특징

감정형의 관심 주제는 차가운 머리보다는 뜨거운 가슴, 즉 따뜻한 관계와 조화입니다. 객관적인 옳고 그름보다는 나의 마음에서 좋냐, 나쁘냐가 중요한 기준이 됩니다. 내가 뭔가를 선택하거나 결정할 때 지금 일어난 상황에 집중하죠. 말할 때에도 친구의 기분을 배려해 칭찬이나 감사 등 따뜻하고 친밀한 마음을 아낌없이 표현해요.

따라서 친구의 의견이나 어떤 사물을 관찰할 때도 머리로 분석하기보다는 가슴으로 느끼고, 그것이 나에게 주는 의미를 떠올립니다. 평가보다는 공감을 잘하며, 이러한 공감을 바탕으로 문제나 갈등 상황에서는 감정을 쉽게 이입하여 마치 그 문제의 당사자처럼 반응합니다.

병문안 갈 때 유형

T 사고형

#원리원칙 #사실적인판단

F 감정형

#따뜻한마음 #조화로운판단

 츨사담 선생님의 성격 이야기

네 번째 이니셜 J & P

행동하는 방식

성격 유형의 네 번째 자리 이니셜은 일상생활에서 나타나는 나의 행동 방식에 따라 구분됩니다. 뚜렷한 목적 아래서 빠르게 결정하며 행동하는 것은 판단형 J, 느긋하게 과정을 즐기며 경험하는 것은 인식형 P입니다.

판단형 J의 특징

판단형은 일주일 정도 여행을 간다면 목적지를 미리 정하고 여행 계획을 꼼꼼하게 세워 출발하는 편입니다. 판단형은 나의 생활 방식에 대해 계획과 순서를 정하는 것을 좋아합니다. '정리 정돈과 계획파'이죠. 공부나 숙제와 같은 일을 할 때 정확한 마감일을 세우고 계획적으로 하는 편입니다.

　예를 들면 오늘은 순서대로 A를 마무리하고, 이번 주는 B를 마무리하고, 다음 주부터 C를 시작해요. 뚜렷한 목표와 방향성을 갖고 행동하는 편이며 자신의 상황을 관리하고 주도하는 것을 편안해 한다고 볼 수 있습니다.

인식형 P의 특징

인식형이 여행을 간다면 목적지를 미리 정하기보다는 그날의 기분에 따라 내키는 대로 발걸음을 옮기는 것을 좋아합니다. 다음 목적지를 생각해 두고 있지 않더라도 그다지 초조해하지 않아요. 현재의 풍경, 음식, 분위기가 마음에 든다면 굳이 다음 목적지에 가지 않기도 해요. '목적 없는 탐험'을 즐기는 유형이죠.

　인식형에게 계획이란 그때그때 상황에 따라 얼마든지 바뀔 수 있는 것입니다. 오늘 한 일의 백 퍼센트를 다 마치지 못하고 오십 퍼센트에서 그치더라도 그 과정 자체를 충분히 즐거워합니다. A, B, C 순서대로 하지 않고 B나 C부터 기분에 따라 시작해요.

방학 생활 유형

J 판단형

이 정도면 알찬 방학을 보낼 수 있겠다!

#목적이분명 #계획적행동

P 인식형

방학은 즐겁게 지내는 게 최고지! 재미있는 일이 많이 생겼으면 좋겠다~

#기분이중요 #즉흥적행동

ISTJ
정화

차분하고 성실한 태도가
빛나고 믿음직스러워요.

ISTP
하람

혼자 놀기의 달인으로
조용히 세상을 관찰해요.

INTJ
장우

사색을 즐기며
매사를 진지하게 탐구해요.

INTP
현욱

좋아하는 것이 분명하고
차분하며 호기심이 많아요.

ISFJ
꼼꼼하고 깔끔한 완벽주의자이면서
배려심이 많아요.

ISFP
조용하면서도 예술적 끼가 많아
주변에 좋은 영향을 줘요.

INFJ
상상력이 풍부하고 섬세하며
사람들에게 다정해요.

INFP
속이 깊고 따뜻한 몽상가이며
예술적 감각이 돋보여요.

민수

ESTJ

추진력이 강하고 씩씩하며
책임감도 있어 든든해요.

지현

ESTP

재치 있고 시원시원하며
행동력이 뛰어나요.

여진

ENTJ

당당하고 정의로우며
문제를 잘 해결해요.

준혁

ENTP

독창적인 카리스마가 넘치며
자신의 생각이 뚜렷해요.

ESFJ

생기 넘치고 사람들과 잘 어울리는 분위기 메이커예요.

ESFP

쾌활하고 웃음이 많아 사람들을 즐겁게 해요.

ENFJ

열정이 넘치고 말솜씨가 좋으며 사람에게 관심이 많아요.

ENFP

순수하고 천진난만하며 생각이 기발해요.

너와 나의 MBTI

프롤로그

안녕하세요. 저는 여진이예요.

저에게는 수현이라는 친구가 있는데요.

가끔 우리가 잘 맞는 사이인지 고민이 들 때가 있어요.

어제 배구 봤어? 또 졌더라.

MBTI 성격 유형으로 친구 관계를 알아봐요.

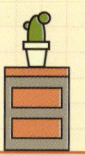

MBTI의 사용 목적

MBTI는 자신의 타고난 성격이 어떤 상황에서 무엇을 좋아하는지를 측정한 성격 분류이기 때문에 MBTI 성격 유형이 자신의 모든 모습을 설명한다고 할 수 없어요. 따라서 MBTI 성격 유형별로 서로 더 잘 맞거나 안 맞는 유형이 있다고 명확하게 구분할 수 없어요.

MBTI는 나와 상대방의 차이점을 이해하고, 더 나은 관계를 맺으며 삶이 조화로울 수 있도록 돕는 도구예요. MBTI를 통해 나와 상대방의 유형을 알게 되었을 때, 우리는 '그래서 내가 여행을 좋아하는구나', '그래서 친구가 이런 행동을 할 수 있구나' 같은 생각을 하며 편안함을 느낄 수 있어요. 서로의 특성을 좀 더 알게 되면서 자연스럽게 나와 친구를 인정하는 것에 도움을 얻는 것이죠.

MBTI와 친구 관계

MBTI의 사용 목적과 성격 유형을 이해하면, 친구와 좋은 관계를 유지하는 데 도움을 얻을 수 있어요. 친구가 어떤 모습을 즐거워하고, 어떤 순간에 어려워하는지, 친구의 조용한 행동은 어떤 이유 때문인지, 친구가 무엇을 할 때 즐거운지 등 평소에 친구에 대해 잘 알지 못한 부분이나 이해하기 어려웠던 부분을 알게 되면서 친구를 좀 더 편하게 이해할 수 있기 때문이지요. 나와 닮은 부분과 달라 보이는 부분을 이해하게 되면, 나와 전혀 다른 친구들과도 더 즐겁고 편하게 우정을 만들고 이어 나갈 수 있을 거예요.

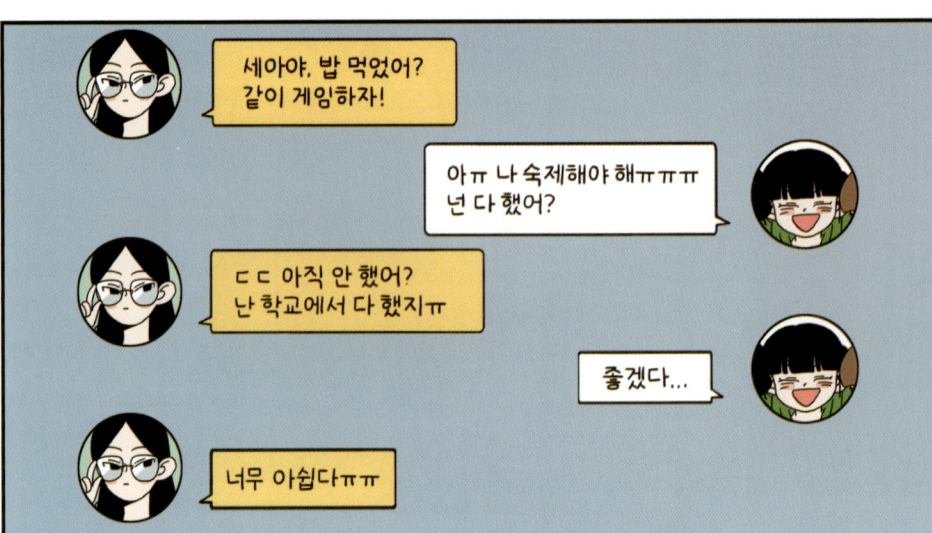

ISTJ / ENFP

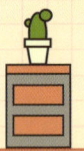

차분하고 계획적인 ISTJ

ISTJ는 겉으로 보기에 어떤 생각을 하는지 잘 알 수는 없지만, 친해지면 조금씩 마음을 보여 주는 차분한 친구예요. 이들은 친구의 사소한 말도 쉽게 지나치지 않고 소중하게 귀 기울이며, 자신이 친구에게 어떻게 해 줘야 할지 진지하게 고민해요. 하지만 공감보다는 해결책을 말하는 편이라서 차갑다는 인상을 주기도 하지요. 친구들과 천천히 친해지지만 한번 친구가 되면 변함없는 우정을 오래도록 유지해요.

계획된 일정을 지키는 것을 편안하게 느끼기 때문에 갑작스러운 약속이 생기거나 계획이 틀어지는 것을 불편해해요. 자기 역할을 책임감 있게 다하는 것을 중요하게 생각해서 친구들이 수업 준비물을 잊어버리지 않도록 미리 챙겨 주는 모범생다운 모습을 보이기도 해요. 먼저 인사해 주거나 친절한 친구를 기억하고 있다가 챙겨 주고는 해요.

순수하고 천진난만한 ENFP

ENFP는 창의적인 눈으로 세상을 바라보며 천진난만한 모습을 보여 주는 순수한 친구예요. 그렇기에 친구들에게 특유의 열정을 드러내며 좋은 영향을 주지요. 표정이나 행동에 감정이 그대로 드러나며, 친구와 깊은 관계를 맺는 것을 좋아해요. 그만큼 친구에 대한 애정이 깊어서 친구가 자신만 좋아하기를 바라거나 질투심을 드러내기도 해요.

수다스럽고 애교가 많아서 친구에게 자신의 모든 이야기를 공유하는 편이지만, 그런 행동이 친구에게 불편함을 줄까 봐 걱정하는 다정한 마음을 갖고 있어요. 또한 계획적으로 행동하기보다 자신의 느낌과 생각으로 자유롭게 행동해요. 이것저것 하고 싶은 게 많아서, 우선순위를 정하는 것을 어려워하는 편이에요. 사소한 일에 서운함을 느끼기도 하지만 금방 마음을 풀기도 하지요.

선생님, 고민 있어요!

진정한 친구란 무엇일까요?

여러분이 생각하는 진정한 친구란 어떤 친구인가요? 친구란 서로의 마음을 소중하게 여기며 함께 공유할 수 있는 존재를 말해요. 그런 관계에서 생기는 친밀한 마음을 우정이라고 부르지요.

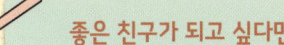

좋은 친구가 되고 싶다면!
① 친구가 힘들 때 함께 있어 주기
② 친구가 싫어하는 행동 하지 않기
③ 좋은 것을 함께 나누기
④ 서로의 생각을 솔직하게 나누기

물론 진정한 친구에 관한 생각은 사람마다 기준이 달라요. 그렇지만 분명한 것은 진정한 친구는 좋은 친구로부터 시작된다는 것이에요. 서로 좋은 영향을 주며 함께 우정을 나누는 친구가 있다면 평생의 보물이 될 수 있어요.

친구가 나쁜 일을 하려고 해요.

답변 친구 사이에 서로를 위해 어떤 노력을 해야 할까요? 이야기를 나누며 공감하는 것도 중요하지만, 친구가 잘못된 선택이나 행동을 할 때, 용기 내어 친구의 잘못된 행동에 관해 이야기해 줄 필요가 있어요. 친구가 나의 모습에 대해 섭섭해하거나 화를 낼지도 몰라요. 그러나 좋은 친구라면 분명 이해해 줄 거예요. 내가 친구의 나쁜 일을 왜 눈감아 주지 않고, 하지 말라고 말하거나 함께하지 않겠다고 거절했는지를요.

좋은 친구라면 서로를 위해 잘못된 것을 잘못이라고 알려 줄 수 있는 용기를 낼 수 있어야 해요. 그리고 혹시라도 친구가 누군가의 생명이나 안전, 범죄에 관한 일을 계획하고 있다면 반드시 믿을만한 어른들에게 이야기해야 해요.

ISTP / ENFJ

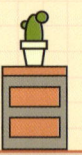

섬세하고 열정적인 ISTP

ISTP는 조용히 관심사에 열중하며 혼자만의 시간을 즐기는 친구예요. 이들은 친구와 노는 시간을 즐거워하면서도 혼자만의 시간이 꼭 필요하다고 생각해요. 마음에 없는 말이나 가벼운 대화를 굳이 하지 않기 때문에 말수가 적은 편이며, 무신경해 보이는 느낌이 있어요. 고민이 생겨도 속마음을 친구에게 나누지 않지만, 친한 친구에게 생긴 고민은 잘 듣고 현실적인 해결 방법을 이야기해요. 원인과 결과가 논리적인 것을 중요하게 생각해서 감정에 따라 행동하는 친구를 이해하지 못할 수 있어요.

자유로움을 즐기는 친구라서 반복되는 생활이나 단체 생활을 힘들어하기도 해요. 이 유형의 친구는 다른 친구들에게 큰 관심을 두지 않아요. 다른 친구에게 먼저 다가간다면, 다른 누구보다 더 진심으로 친해지고 싶다는 의미일 수 있어요.

말솜씨가 좋고 감성적인 ENFJ

ENFJ는 친구들에게 관심이 많고 함께 어울리는 것을 좋아하는 다정한 친구예요. 이들은 남에게 배려를 잘하고 공감 능력이 뛰어나요. 다른 친구의 마음을 섬세하게 헤아리며 신경 쓰지요. 친구를 두루두루 사귀면서도 모두와 깊은 관계를 유지하는 편이에요.

학교 일과가 끝난 이후에는 친구 집에서 함께 시간을 보내기 좋아하고, 학원을 등록할 때는 학원의 위치나 선생님의 학습 방법 등의 정보를 따지기보다는 친구가 다니는 학원에 등록하고 싶어 하지요. 또한 다른 사람에게 인정받거나 사랑받고 싶은 욕구가 있어서 어떤 일이든 책임감 있게 행동하며 말솜씨가 뛰어나요. 자신의 감정보다 친구들과의 관계를 중요하게 생각하기 때문에 종종 자신의 마음을 돌보지 못해서 힘들어할 수 있어요.

선생님, 고민 있어요!

 생각 키우기 — 친구에게 다가가기

새 학년이 되어 친구를 사귀려고 하거나, 친한 친구랑 헤어지면 불안한 마음이 들 거예요. 그렇지만 너무 서두르거나 불안해하지 않았으면 좋겠어요. 친구에게 먼저 말을 걸거나 처음 이야기를 나누는 것은 누구라도 떨리는 순간이랍니다.

조금의 용기를 내서 친구에게 먼저 다가가면 어떨까요? 어떤 친구는 나의 인사를 정말로 기다리고 있을지 몰라요.

친구에게 다가가는 방법
① 먼저 반갑게 인사하기
② 친구의 관심사 관찰하기
③ 친구의 관심사로 이야기 시작하기
④ 가벼운 고민이나 반려동물(사진) 등을 소개하기

 고민 상담 — 친구가 따돌림 당하는 것 같아요.

답변 친구가 다음과 같은 모습을 보인다면, 따돌림을 당하는 상황일 수 있어요. 이럴 때는 머뭇거리지 말고 친구를 도와주면 좋겠어요.

의심해 볼 만한 모습
① 학교 쉬는 시간에 책상에만 엎드려 있다
② 친구들의 눈치를 많이 본다
③ 친구의 말과 행동에 다른 친구들이 비웃거나 불편한 말을 한다
④ 표정이 어둡고 눈물을 자주 흘린다
⑤ 옷이 더럽혀져 있다
⑥ 준비물을 자주 잃어버렸다고 말한다
⑦ 학교 다니기 싫다고 말한다

도움을 주는 방법
① 친구에게 먼저 인사해 주기
② 단체 활동할 때 친구와 함께해 주기
③ 어려움이 없는지 질문하기
④ 도움이 필요한 게 없는지 확인하기
⑤ WEE 클래스 선생님이나 담임 선생님께 고민을 이야기해 보자고 제안하기

그런데 준혁이가 저에게 물어보지도 않고 저는 처음 보는 친구를 데려왔어요.

준혁이는 제가 모르는 친구들과 노는 게 더 재밌어 보였어요.

약속했던 대로 준혁이랑 둘이서 놀았다면 이렇게 불편하지는 않았을 텐데….

ISFJ / ENTP

꼼꼼하고 사려 깊은 ISFJ

ISFJ는 배려심이 깊고 친구를 돕는 것을 좋아하는 성실하고 착한 친구예요. 이들은 처음 보는 친구에게도 상냥하고 친절하게 행동해요. 이러한 행동에는 언제나 따뜻한 진심이 담겨 있어서, 싫어하는 친구라고 하더라도 티를 내지 않고 공평하게 대하려고 노력하지요. 다가오는 친구 모두에게 한없이 상냥하지만, 많은 친구보다는 소수의 친구와 깊은 우정을 나누는 것을 더 편안해해요.

언제나 성실하게 행동하기 때문에 책임감이 강해서 믿음직스러워요. 그러다 보니 혼자 너무 많은 일을 떠안게 되어 고민하기도 해요. 주어진 일을 할 때 계획을 세우고 차근차근 완벽하게 해 나가는 성격이라 변화에 약해요. 그래서 새 학기가 되면 가장 많은 스트레스를 받는 유형이기도 해요.

모험심이 강하고 카리스마 있는 ENTP

ENTP는 지루함을 잘 견디지 못하고 거침없는 행동을 하는 카리스마 가득한 친구예요. 이들은 특유의 능청스러운 태도로 어떤 친구와도 쉽게 어울리며 무엇이든 즐겁게 경험해요. 어떤 생각을 할 때는 논리와 분석을 통해 결론을 내리기 때문에 자기 생각에 자부심이 있어요. 또한 자신과 생각이 다른 의견에도 납득할 수 있는 근거와 논리가 충분하다면 깔끔하게 인정하고 받아들이는 친구예요.

휴대폰 사진 앨범이나 개인 SNS 계정에는 멋지고 예쁜 자기 모습보다는 재미있고 흥미로운 사진이 많아요. 친구들과 어울리는 시간을 좋아하지만 혼자가 되어도 자신만의 시간을 잘 보내는 유형이에요. 어떤 상황에서도 자신감을 잃지 않는 당당한 태도가 카리스마 있어요.

선생님, 고민 있어요!

 **친구는 많아야 할까요?**

아마 이 질문에 정확한 답을 해 줄 수 있는 사람은 많지 않을 거예요. 왜냐하면 '친구가 몇 명 있어야 행복한 사람'이라는 기준은 없기 때문이에요. 사람들은 저마다 친구 관계를 다양하게 생각해요. 혼자가 편안한 사람, 단짝 친구만 있어도 좋은 사람, 마음이 통하는 친구가 많은 게 좋은 사람 등 친구를 대하는 마음은 저마다 달라요.

중요한 것은 친구의 많고 적음이 아니라, 친구를 대하는 나의 마음이랍니다.

 **단짝 친구와 싸우면 혼자가 될까 봐 걱정돼요.**

답변 친한 친구가 있다는 건 참 행복한 일이지요. 그런데 친한 친구가 한 명뿐이라서, 혹시라도 단짝 친구와 싸우면 혼자가 될까 봐 걱정하는 마음이 들 수 있어요. 우선 너무 겁먹지 말고 조금 다르게 생각해 보면 어떨까요? 싸우면 혼자가 되는 것이 아니라 서로의 진심을 듣게 되는 소중한 기회를 얻는 것일 수 있어요.

진짜 친한 친구란 서로 칭찬과 즐거움만 공유하는 것이 아니라 불편한 마음도 솔직히 표현하고 서로 대화하면서 맞추어 나가는 거라 생각해요. 혹시 다툼이 생기더라도 포기하지 말고, 친구의 마음도 내 마음도 듣고 말할 기회를 꼭 만들어 보기로 해요. 서로의 모습을 존중하고 대화하면 더 좋은 친구가 될 수 있을 거예요.

ISFP / ENTJ

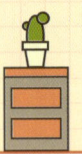

느긋하고 낭만적인 ISFP

ISFP는 겉으로는 수줍음을 드러내지만, 마음 안에는 예술적 끼와 낭만적인 생각이 가득한 친구예요. 이 유형의 친구는 조용해서 잘 드러나지 않지만, 배려심이 많고 너그러우며 따뜻한 마음을 품고 있어요. 자신이 불편한 점이 있어도 친구를 생각해서 참고 넘기는 경우도 많아요. 그래서 친구들과 거의 다투지 않아요.

처음 보는 친구에게 먼저 다가가거나 말을 거는 것은 주저하지만, 모둠 활동을 하다 보면 누구보다 열린 마음으로 친구들과 자연스럽게 친해질 수 있어요. 또한 기회가 생기면 뛰어난 춤과 노래 실력으로 반전 매력을 보이기도 하지요. 친구들과 몸으로 활동하여 어울리는 것을 좋아하고, 반복적인 놀이를 지루해할 수 있어요. 공감의 아이콘이라고 느껴질 만큼 친구의 즐거움이 나의 즐거움, 친구의 어려움이 나의 고통이 된 듯 여기는 모습도 보여요.

당당하고 사람들을 이끄는 ENTJ

ENTJ는 핵심 파악을 매우 잘하고 계획과 실행력이 뛰어나 리더십이 있는 친구예요. 이들은 친구들을 솔직하게 대하며 대화하는 것을 좋아해요. 그러나 친구의 기분을 생각하지 않고 자신이 옳다고 생각하는 것을 전달하는 경우가 종종 있어요. 친구와 갈등이 있을 때, 문제를 해결하려는 마음이 앞서서 너무 꼬치꼬치 따지는 느낌을 줄 수도 있지요.

이들은 모든 일에 대부분 매우 적극적이고 에너지가 넘쳐요. 추진력이 좋고 분석력도 뛰어나기 때문에 친구들이 자신처럼 빠르게 생각하거나 행동하지 않을 때 답답해하기도 해요. 공정함을 중요하게 생각해서 친한 관계라고 해도 정당한 행동과 칭찬이 아니면 좋아하지 않을 수 있어요. 그리고 어떤 친구와도 잘 어울리지만 깊은 마음을 나누는 친구를 쉽게 만들지 않아요.

선생님, 고민 있어요!

 **좋아한다는 마음**

친구에 대해 하나씩 알아가다 보면, 그 친구에게서 나와 전혀 다른 매력을 느끼기도 하고 생각이 잘 통한다는 느낌을 받기도 하지요. 그렇게 좋은 관계를 이어가면서 친구의 매력에 빠질 수도 있고 처음 보는 친구인데도 한순간에 매력을 느낄 수도 있어요. 누군가를 좋아하는 마음은 자연스럽고 소중한 감정이에요. 상대방에게 고백할 수도 있지만, 고백할 용기가 나지 않을 수도 있어요. 그럴 때는 믿을 만한 어른이나 친구에게 속마음을 말하는 것도 좋아요.

 고백 수칙
① 상대방에게 내 마음을 강요하지 말자
② 혹시 거절당하더라도 슬프지만 받아들이자
③ 남자든 여자든 성별과 관계없이 누구나 먼저 고백할 수 있다

 **서로 좋아하면 스킨십 해도 되나요?**

답변 좋아하는 사람과 손을 잡거나, 몸을 쓰다듬는 스킨십을 하고 싶어지는 것은 자연스러운 일이에요. 단, 스킨십은 서로 간의 동의가 필요해요. 또한 서로 행복한 경험이 되어야 해요. 서로 좋아하는 사이라도 상대방의 동의 없이 스킨십을 해서는 안 돼요. 사랑은 스킨십이 반드시 필요한 것은 아니에요. 서로의 생각을 나누거나, 함께 시간을 보내며 감정을 표현하는 것으로 충분할 수 있어요. 스킨십을 꼭 하고 싶다면 상대방에게 정확하게 내 생각을 전달한 다음, 동의를 구해야 합니다. 그리고 동의를 했어도 나중에 불편함을 표현한다면 하지 않아야 해요. 내 마음과 친구의 마음이 같아도 표현 방법이 서로 다를 수 있음을 존중하는 것이 중요해요.

저는 민재예요. 오늘은 학교 소풍으로 동물원에 왔어요.

반 친구들과 조를 짜서 동물원을 구경하는 중이에요.

이 친구는 장우예요. 저랑 제일 친한 친구죠. 표정을 보아하니, 장우는 지금 신이 난 것 같아요.

INTJ / ESFP

호기심이 강하고 관찰력 있는 INTJ

INTJ는 호기심이 많고, 관심 있는 부분에 매우 집중력을 발휘하는 친구예요. 이들은 생각이 많고 머릿속으로 생각하는 시간이 필요하지만, 정리가 되어 마음을 먹으면 거침없이 행동해요. 친구들과 놀 때 "왜?", "이건 뭐야?"라는 질문을 자주 하기도 해요. 생각을 공유하지 않고 혼자 해결하거나 결정을 내리기도 해서 친구들이 전혀 예측할 수 없는 모습을 보이기도 해요.

뭔가에 집중하고 있을 때 누군가 간섭한다고 느끼면 불편해하거나, 가까이 다가오는 친구에게도 특별한 반응을 보이지 않을 수도 있어요. 그렇기 때문에 친구를 무시하거나 싫어한다고 오해받을 수도 있어요. 그러나 마음은 전혀 그런 의도가 아닌 순간이 많아요. 이러한 집중력은 무엇인가를 할 때 제대로 잘하고 싶은 마음 때문이기도 해요.

쾌활하고 장난기 가득한 ESFP

ESFP는 어디서든 적응을 잘하고 명랑하며 장난기 가득한 친구예요. 이들은 어떤 상황에서든지 당황하지 않고 유쾌하게 상황에 적응할 줄 아는 모습을 보여요. 친구들에게 유머 감각이 뛰어나다는 이야기도 자주 듣지요. 장난을 많이 쳐서 주의를 받는 경우도 종종 있지만, 전혀 주눅 들지 않고 계속 장난을 치거나 주변을 즐겁게 만드는 행동을 해요. 친구들이 원하는 것들을 어렵지 않게 잘 맞춰 주고, 상황에 필요한 것을 빠르게 파악해서 적응하는 모습을 보여요.

붙임성이 좋고 친구들과 어울리는 것을 좋아해서 '인싸'라고 불리기도 해요. 또한 친절하고 따뜻한 마음이 있어 친구의 어려움에 선뜻 도움을 줘요. 복잡하고 심각한 것은 좋아하지 않아서 진지하지 못하다는 느낌을 줄 수 있어요.

선생님, 고민 있어요!

 **생각 키우기** — 친구와 좋은 관계를 유지하는 법

좋아하는 친구와 함께 지내는 건 무척 행복한 일이지만, 친구와 함께 지내다 보면 다양한 감정이 생겨요. 친한 친구가 생겼다면 그 친구를 향해 느끼는 감정을 잘 보살피는 것도 중요해요.

친구가 부러울 때는 이렇게

부러운 마음은 누구에게나 생길 수 있어요. 친구와 나를 비교하지 말고, 친구의 대단함을 솔직하게 인정해 봐요. 친구 덕분에 자극받고 더 열심히 하게 될 수도 있고 절친인 동시에 좋은 라이벌이 될 수 있어요.

친구 때문에 속상할 때는 이렇게

나의 감정을 잘 느껴보고 속상한 이유를 찾아봐요. 그리고 친구에게 솔직하게 이야기하고 대화를 나눠 보세요. 서로를 존중하면 더 멋진 우정을 이어 나갈 수 있어요.

 **고민 상담** — 저랑 다툰 친구가 제 험담을 하고 다녀요.

답변 친구와 다투면 그 자체로도 마음이 좋지 않죠. 서운하고 속상한 기분이 들고 마음이 힘들 수 있어요. 게다가 다툰 친구가 내 험담을 한다는 소식을 전해 들으면 당황스럽고 화도 나고, 이렇게 우정이 끝나는 건 아닐까 걱정되며 슬픈 마음이 드는 게 당연해요.

그럴 때는 다툰 친구에게 편지를 보내거나 직접 대화를 요청해 봐요. 우리가 서로 마음이 상해 있지만, 서로에게 상처 주거나 사실이 아닌 이야기를 다른 친구에게는 하지 말자고요. 혹시라도 내가 험담을 들을 만한 이유가 있다면, 나에게 직접 말해 달라고 표현하는 것이 필요해요.

저는 현욱입니다. 저는 여진이랑 사귀고 있는데요.

여진이는 어디서든 당당하고 멋져서 친구가 많아요.

저는 글쎄요. 친구가 없지는 않아요. 깊게 사귀는 친구가 없을 뿐이죠.

으아아악!

친구들은 주로 저에게 고민을 상담하거나

예전에는 관심이 없어서 몰랐지만

은정이를 좋아하는 친구들이 많다는 걸 새삼 느끼게 됐어요.

친구들은 은정이의 저런 활기찬 모습과 풍부한 감정 표현을 좋아하는 거겠죠?

굳이 친구를 사귀지 않아도 되겠지만

은정이는 여진이의 좋은 친구니까, 저도 친해져 볼 수 있을 것 같아요.

INTP / ESFJ

논리적이고 똑똑한 INTP

INTP는 주변에 쉽게 휩쓸리지 않고, 관심사를 매우 깊이 탐구하는 친구예요. 이들은 친구들과 대화할 때 매우 논리적이라서 똑똑하다는 느낌을 자주 들게 해요. 자연현상이나 어렵고 복잡한 것에 대해 관심을 두는 모습을 보이기도 해요. 친구와의 대화에서 논리적으로 오류가 있는 부분을 잘 찾기 때문에 상대를 긴장시키거나 공감해 주지 않는다고 느끼게 하는 경향이 있어요.

체험 학습을 갔을 때, 모두가 지루해서 다른 장소로 이동해도 본인에게 신비롭고 더 들여다보고 싶다면, 주변 눈치를 보지 않고 가능한 시간을 모두 활용해서 집중하기도 해요. 자신이 옳다는 것에 대해 쉽게 굽히지 않아서 고집이 세다고 느껴지는 면이 있는데, 이는 자신에게는 충분한 논리적 근거가 있기 때문에 쉽게 의견을 바꿀 수 없기 때문이에요.

친절하고 발랄한 ESFJ

ESFJ는 언제 어디서나 친절하고 분위기를 즐겁게 이끄는 분위기 메이커예요. 이들은 친구들을 잘 돕고 협조적이며 모두가 편안함을 느끼도록 하는 재능을 갖고 있어요. 자기 일에 책임감이 매우 강하고, 맡겨진 일을 깔끔하고 완벽하게 처리하기 때문에 주변에서도 신뢰를 받는 경우가 많아요. 단체 활동에서 진행자 역할을 하거나 즐거움을 표현하라고 해도 부담 없어 해요.

자신이 맡은 일을 잘할 수 있을지 주변 사람들에게 확인받으면 안심하지만, 때로는 걱정이 줄지 않아서 스트레스를 많이 받기도 해요. 이러한 스트레스는 인정받고 싶은 마음이 앞서서 자신이 할 수 있는 일보다 더 무리해서 역할을 감당하려 하기 때문이기도 해요.

선생님, 고민 있어요!

 생각 키우기 — 새로운 우정을 준비하기

친구가 있더라도 언제든지 새로운 친구가 생길 수 있답니다. 전학 온 친구를 사귀거나, 내 친구의 친구가 나의 친구가 되기도 하지요.

'난 친구가 충분해! 더는 필요 없어!' 하는 생각은 NO! 새로운 우정을 위해서 기억하면 좋은 것이 있어요.

새로운 친구 사귀기 준비 운동
① 기존의 내 친구와 새 친구를 비교하지 않기
② 친구가 무엇을 좋아하고 무엇을 어려워하는지 관찰하거나 질문하기
③ 마음에 여유를 갖고 너그럽게 친구를 대하기
④ 새로운 친구가 생겼다고 원래 친구들에게 소홀하지 않기

 **고민 상담** — 단짝 친구 외에 다른 친구와 놀고 싶지 않아요.

답변 단짝 친구가 있다는 것은 참 행복한 일이죠. 서로 이해하는 마음이 있고 잘 맞는 부분을 알고 있어서 애쓰지 않아도 통하는 그 느낌은 정말 특별한 것 같아요. 그렇지만 친구 한 명에게만 내 일상의 즐거움과 고민을 공유할 수 없어요.

다른 친구들과 우정을 나누려는 노력이 필요한 때도 있어요. 만약 단짝에게만 너무 깊은 우정을 기대한다면, 친구에게 부담이 될 수도 있어요. 그렇게 되면 아쉬움이 쌓여서 오히려 소중한 관계가 멀어질 수도 있어요.

함께 논다는 것은 꼭 비밀을 나누거나 특별한 것을 계속 공유해야만 가능한 것이 아니에요. 단짝 친구와 시간을 보내는 것도 중요하지만 친구가 될 수 있다는 마음을 열고 다가오는 친구를 밀어내지 않기를 응원해요.

INFJ / ESTP

다정하고 상상력이 풍부한 INFJ

INFJ는 다정하고 침착하며 상상력과 호기심이 풍부한 친구예요. 이들은 친구들과 대화할 때 핵심을 잘 파악하고, 예리하면서도 온화한 표현을 해요. 말로 자기 생각을 잘 표현하지는 않지만, 혼자 이런저런 상황을 상상하지요. 친구의 사소한 말도 다시 생각하며 고민하는 시간을 보내기도 해요.

친구들과 대화를 나눌 때 누구보다 차분하게 따뜻한 공감을 잘해요. 친구가 표현하지 못한 마음까지 섬세하게 알아차려서 위로를 주는 친구이기도 해요. 마음이 힘든 친구를 티가 나지 않게 관심을 두고 살피거나, 곁에서 은근히 함께하며 속 깊은 정을 나누는 모습도 보여요. 묵묵히 자기 할 일을 해내고 어떤 일이든 잘 참지만, 친구에게 마음이 상하면 은근히 오래 가기도 해요.

재치 있고 행동력 있는 ESTP

ESTP는 상황을 담백하고 명쾌하게 정리할 줄 아는 시원시원한 매력의 친구예요. 이들은 선입견이 없어 어떤 친구와도 금방 친해질 수 있어요. 순발력도 뛰어나서 위기 상황에서 재치를 발휘하는 것도 어렵지 않지요. 복잡한 상황에서도 오랫동안 고민하기보다는 단순하게 핵심을 파악하고, 결론을 내리는 것을 잘해요. 그래서 친구들에게 주장이 세다는 이야기를 들을 수 있어요. 하지만 뒤끝이 없어서 금방 화해해요.

준비물을 챙기는 꼼꼼함은 부족할 수 있지만, 유머를 발휘해서 주변을 유쾌하게 만드는 친구예요. 그러나 진지한 고민이 필요한 순간에 자꾸 피하려고 하거나, 정식으로 사과를 해야 할 때도 은근슬쩍 넘어가려고 해서 친구를 섭섭하게 만들 수 있어요.

선생님, 고민 있어요!

 생각 키우기 — 친구와 잘 화해하는 법

서로 다른 성격의 사람이 만나 관계를 이어 나가다 보면 사이가 나빠질 때도 있어요. 그럴 때는 서로를 존중하고 화해하기 위한 노력이 필요해요.

어렵고 불편한 과정이지만, 화해하면 우정은 더욱 깊어질 거예요.

친구와 싸웠다면 이렇게

차분하게 내 마음과 친구의 마음을 생각해 보고 솔직하게 대화해요. 때로는 시간이 약일 때가 있어요.

친구와의 관계가 완전히 끝났다면

어떤 이유로 멀어졌든, 추억을 함께한 친구였음을 기억하고 인정하며 친구의 안녕을 빌어 주세요. 새로운 친구와의 관계를 준비하는 것도 괜찮아요.

 **고민 상담** — 친구와 절교해서 너무 슬퍼요.

답변 사랑하던 연인이 싸우거나 헤어지고 각자 다른 사람과 사랑을 시작할 수 있는 것처럼, 친구와 멀어지고 다른 우정을 시작하는 일도 생겨요. 친구에게 상처받거나 슬프고 화나는 감정은 자연스러워요. 나의 마음이 너무 다치지 않게 돌봐 주세요. 그리고 시간이 흘러서 내 마음의 여유가 조금 생겼을 때, 천천히 한번 마음을 뒤돌아보면 좋겠어요.

친구와 무엇 때문에 갈등이 생겼는지, 우리의 갈등이 꼭 절교해야만 해결되는 것인지, 서로의 마음에 더 소중하고 중요한 것을 따라 선택한 결정이었는지, 불편하고 속상한 마음에 너무 빠르게 결정한 건 아닌지 생각해 보는 시간도 필요해요. 그리고 아무리 생각해도 회복이 어렵다면, 그동안 소중했던 시간을 후회하거나 상처로 간직하지 않도록 마음을 차분히 정리하는 것이 필요해요.

INFP / ESTJ

예술적이고 따뜻한 INFP

INFP는 상상력이 풍부하고 예민한 감수성을 갖고 있는 마음 여린 친구예요. 이들은 자신이 불편하더라도 친구 입장을 먼저 이해하려고 노력하기 때문에 참을성이 있어요. 그래서 친구들과 거의 다툼이 없고, 두루두루 잘 지내요. 친구들이 상처받지 않도록 매사에 노력하며, 다정하게 공감하고 위로해 주는 모습을 보여요. 자신이 관심 있는 것을 매우 구체적이고 생생하게 상상하고 표현하기도 하지요. 그래서 친구들은 이 유형의 친구가 현실과 상상을 구별하지 않는 것 같은 느낌에 당황하기도 해요.

  자신이 몰두하는 게 있으면 다른 것을 완전히 잊어버려서, 숙제나 준비물을 빠뜨리는 경우도 자주 있어요. 말로 표현하기 보다는 다른 창작물로 전달하는 것을 더 좋아하는 예술적인 친구예요. 또한 친구에게 자기 생각을 강요하거나 설득하지 않아요.

성실하고 믿음직스러운 ESTJ

ESTJ는 책임감이 강하고 성실하며, 어디서나 든든하고 믿음직스러운 친구예요. 이들은 어떤 것을 마음먹으면 계획하고 바로 행동해요. 친구들 사이에서도 공정하고 규칙을 잘 지키기 때문에 모범생으로 불리곤 해요. 친구들과 놀기로 한 약속이 있을 때도 어떤 것을 준비하고 무엇을 하면 더 좋을지 생각하고 준비하는 모습을 보이지요.

  활발하고 적극적인 모습으로 사교적이고 장난도 즐길 줄 알아요. 그렇지만 자신의 기준에서 무례한 장난은 하지 않는 선을 갖고 있어요. 또한 행동이 빠르고 원리원칙을 중요하게 생각해서 주변 친구들에게 부담을 주는 경우도 있어요. 이들은 기분을 감추지 않고 언제나 진실한 모습을 보여 주며 솔직한 말을 하는 편이에요. 그리고 모둠 활동을 할 때 친구들을 이끌어 주는 모습을 자주 보이는 친구예요.

선생님, 고민 있어요!

 **생각 키우기** **나는 나의 첫 번째 친구**

친구와의 관계만큼 나를 소중히 대하는 것도 정말 중요해요. 친구를 존중하는 것도 좋지만 먼저 나의 생각도 존중할 필요가 있어요. 여러분은 나와 친한가요?

나와 친구하는 방법

① 나에게 인사하기(반갑다거나 오늘 하루 수고했다고)
② 내가 노력한 부분 칭찬하기
③ 스스로에게 어떤 도움이 필요한지 질문하기
④ 나를 사랑하는 사람들 떠올리기
⑤ 내가 즐거워하는 것 하기
⑥ 친구에게 양보하거나 참을 때 이유를 물어보기
⑦ 내 마음에 드는 나의 좋은 점 말하기
⑧ 나에게 부끄럽거나 실망한 모습을 피하지 않고 대화하기

 **고민 상담** **우울한 기분에서 벗어나기 어려워요.**

답변 우울은 누구나 느낄 수 있는 기분인 거 알고 있나요? 우울한 기분은 자신에게 소중한 것, 기대했던 것을 이루지 못했던 순간 마다 느낄 수 있는 자연스러운 감정이에요. 그렇지만, 다음과 같은 우울을 느낀다면 그것은 일상적으로 느낄 수 있는 우울한 기분이 아닐 수 있어요. 이럴 때는 혼자 해결하거나 노력하기보다는 가까운 심리 상담 선생님이나 부모님께 자신의 마음을 솔직하게 말하고 도움을 받는 게 좋아요. 마음의 아픔은 전문가와 함께할 때 가장 효과적으로 회복될 수 있다는 것 꼭 기억하세요!

일상적 우울이 아닌 모습

① 우울한 기분이 몇 주씩 계속된다
② 시간이 지나도 나아질 것 같지 않다
③ 나를 도와줄 사람이 없을 것 같다
④ 모든 것이 내 잘못 같은 생각이 든다
⑤ 눈물이 시도 때도 없이 난다
⑥ 아무 것도 할 수 없을 정도로 힘들다

에필로그
우정은 아름다워

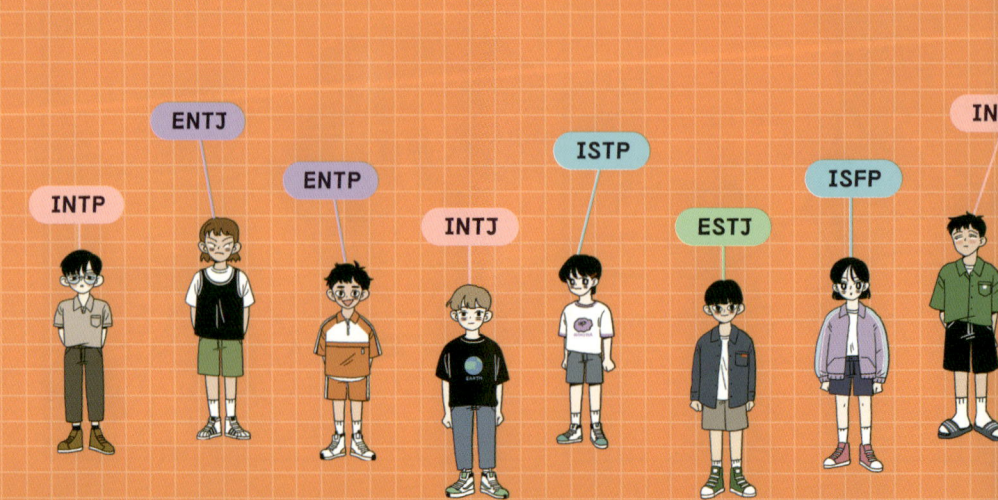

MBTI 돋보기

책을 다 읽었다면
MBTI 성격 유형별 친구 관계와
유형별 특징을 살펴봐요.
친구나 부모님과 함께 서로의
MBTI를 찾아보고 이야기 나누면
더욱 좋아요!

ENFJ · ESFJ · ISTJ

ESTP

ESFP

ISFJ

ENFP

INFJ

유형별 친구 관계

엣!? 이거 뭐야, 선미랑 나랑 최악의 궁합이래!

이거 봐! 인터넷에 있는 MBTI 궁합표에 그렇게 나와 있어.

에이, 그런 게 어디 있어.

 MBTI 궁합표의 진실

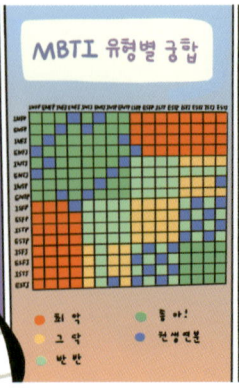

혹시 온라인에서 MBTI별 관계를 나타낸 **MBTI 궁합표**를 본 적 있나요?

➡ 인터넷에 퍼져 있는 MBTI 궁합표는 잘못된 정보예요. MBTI 연구 논문에서는 각 타입별 관계를 이러한 표로 표현한 적이 없습니다.

➡ 인간 관계를 표로 단순하게 나타내는 것은 사람들에게 잘못된 인식을 심어 줄 수 있어서 매우 위험해요. MBTI로는 관계를 단정할 수 없어요. 그렇기 때문에 이러한 MBTI 관계 표는 참고하지 않아야 합니다.

➡ 우리는 친구 관계, 가족 관계 등 다양한 관계를 이루며 살아가요. 친구이지만 놀 때는 잘 맞아도 함께 여행할 때는 잘 안 맞을 수 있는 것처럼, 환경이나 섬세한 감정, 성격에 따라 관계는 변해요.

➡ 우리의 성격 특성은 몇 가지 기준으로 서로가 '잘 통한다, 편하다, 매력적이다' 라고 느끼게 하는 부분이 있어요. 그러나 그와 반대된다고 해서 어울리지 않거나 불편한 관계라고 볼 수 없습니다.

#MBTI궁합표   #잘못된정보   #MBTI별관계

편안한 관계 VS 불편한 관계

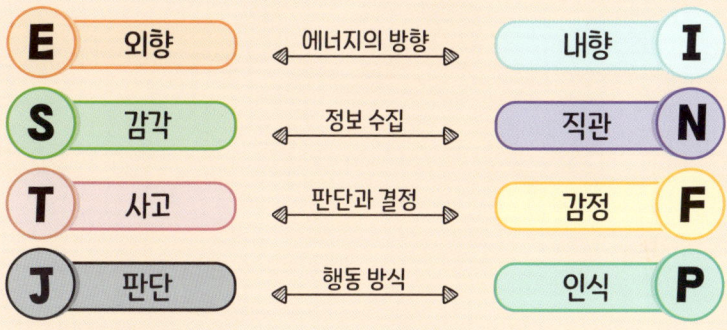

➜ 편안한 관계와 불편한 관계는 선호 지표 차이에 따라 나타날 수 있어요. 그렇지만 이 조합은 서로를 이해한다면 가장 매력적인 관계가 될 수 있답니다.

➜ 내가 편안한 관계라 느끼는 친구는 자신이 익숙하거나 편하게 활용하는 성격 선호 지표를 비슷하게 활용하는 친구예요. 편안한 관계란, 같은 유형은 단짝이고 반대 유형은 불편하다는 의미가 아니에요. 말 그대로 노력을 하지 않아도 편하다, 소통이 잘 된다는 뜻이에요. 예를 들면, 어떤 것을 결정하고 판단할 때, 논리적이고 합리적인 것이 기준인 친구는 그와 비슷한 방식으로 판단과 결정을 하는 친구와 쉽게 소통할 수 있어요.

➜ 내가 불편한 관계라 느끼는 친구는 성격 유형이 반대인 경우를 말하는 것은 아니에요. 같은 성격 유형도 서로 불편함을 느낄 수 있어요. 그렇지만, 무엇을 할 때 혼자 하는 게 더 좋은 친구와 뭐든지 함께하는 게 좋은 친구처럼 서로의 행동에 차이가 있어서 아쉬울 수 있어요. 이것은 불편한 관계가 아니라 서로 다른 것일 뿐이라는 걸 꼭 기억해 주세요.

#편안한관계   #불편한관계   #서로이해하기

#천천히친해짐 #약속은지켜줘
#우리반모범생 #변함없는우정

ISTJ 정화

단짝 친구
- ▶ 약속을 잘 지키는 친구
- ▶ 조용하게 같이 종이접기 하는 친구
- ▶ 먼저 인사해 주는 친구

- ✅ 겉으로 보기에 어떤 생각을 하는지 잘 알 수 없어요.
- ✅ 친구들과 천천히 친해지지만 한번 친구가 되면 변함없는 우정을 오래 유지해요.
- ✅ 친구의 사소한 말도 쉽게 지나치지 않고 소중히 귀 기울여요.
- ✅ 공감하기보다 해결책을 말하는 편이라 든든하지만 차가운 인상이기도 해요.
- ✅ 친구들이 수업 준비물을 잊어버리지 않도록 챙겨주는 모범생이에요.
- ✅ 속 이야기를 솔직하게 하지 않는 편이에요.
- ✅ 먼저 인사해 주거나 친절한 친구를 기억하고 있다가 챙겨주고는 해요.
- ✅ 계획된 일정을 지키는 것을 편안하게 느껴서 친구가 갑작스럽게 약속을 취소하는 것을 싫어해요.

ISTP 하람

#자유로운게좋아
#마음에없는말안함
#혼자도잘놀아
#먼저다가와줘

단짝 친구
▷ 도서관에 함께 가서 각자 책 읽는 친구
▷ 내 의견에 잘 반응해 주는 친구
▷ 같이 놀자고 먼저 말 거는 친구

- ✓ 혼자 있는 시간을 자신의 스타일로 즐겁게 보낼 수 있어요.
- ✓ 친구들과 함께 있다가도 자기만의 시간을 갖는 것을 좋아해요.
- ✓ 마음에 없는 말이나 가벼운 대화를 굳이 하지 않아요.
- ✓ 고민이 있어도 혼자 생각하고 현실적인 방법을 찾아 해결해 보려고 해요.
- ✓ 자유로움을 즐겨서 반복되는 생활이나 단체 생활을 힘들어하기도 해요.
- ✓ 다른 친구들에게 크게 관심을 두지 않는 편이에요.
- ✓ 어떤 친구에게 먼저 다가간다면, 진심으로 친해지려는 노력을 하는 거예요.
- ✓ 논리적이고 합리적인 생각으로 판단을 하는 편이라서 감정적으로 행동하는 친구를 어려워해요.

#다정한신사숙녀 #알아서잘해요
#상냥함의대표 #성실하고착함

ISFJ 수현

단짝친구
- 고민을 잘 들어주는 친구
- 편지나 쪽지로 마음을 잘 표현하는 친구
- 규칙이나 약속을 잘 지키는 친구

- ✓ 배려심이 깊고 친구들을 잘 도와줘서 착하다는 이야기를 많이 들어요.
- ✓ 혼자서 하는 고민이 생각보다 많아요.
- ✓ 새로운 것이나 갑작스러운 변화에 당황하는 면이 있어요.
- ✓ 다가오는 친구들 모두와 잘 어울리지만, 소수의 친구와 깊은 우정을 나눠요.
- ✓ 자신의 속마음을 친구에게 티를 내지 않으려고 노력해요.
- ✓ 친구가 기뻐할 만한 행동을 하려고 노력하며 유머 감각이 있어요.
- ✓ 한결같은 성실함과 책임감을 보여서 믿음이 가요.
- ✓ 주어진 일을 할 때 계획을 세우고 차근차근 완벽하게 해 나가요.
- ✓ 새 학기가 되면 가장 많은 스트레스를 받는 유형이에요.

I S F P 하영

단짝 친구
- 혼자 가기 어려운 곳에 함께 가 주는 친구
- 상상 속 이야기를 나눌 수 있는 친구
- 내 의견을 물어봐 주는 친구

- ✓ 겉으로는 수줍음이 많은 것처럼 보이지만 예술적 재능이나 끼가 가득해요.
- ✓ 친구들에게 배려를 잘하고 친구의 생각을 잘 이해해 줘요.
- ✓ 자신의 불편함을 티를 내지 않고 혼자 견디곤 해요.
- ✓ 친구들과 거의 다투지 않고, 갈등이 생기면 참고 견디려고 노력해요.
- ✓ 공감의 아이콘답게 친구의 감정을 내 감정처럼 느끼고 생각해요.
- ✓ 먼저 친구에게 다가가지는 않지만, 다가오는 친구들을 반가워하며 잘 친해져요.
- ✓ 혼자 있을 때는 연락을 잘 받지 않고 귀찮아하는 모습을 보이기도 해요.
- ✓ 친구의 부탁을 거절하는 것을 어려워해요.
- ✓ 좋아하는 것에 빠져들면 주변을 신경 쓰지 않아요.

#비범한호기심 #간섭받기싫어 #잡담은관심없어 #완벽주의자

INTJ 장우

단짝 친구

▶ 내가 실수해도 모른 척해 주는 친구
▶ 관심사가 비슷해서 말이 통하는 친구
▶ 혼자서도 시간을 잘 보내는 친구

 호기심이 많아서 "왜?", "이건 뭐야?" 같은 질문을 자주 해요.

 같이 있으면서도 각자 놀 수 있는 친구를 좋아해요.

 자신이 하는 일이나 행동에 이런저런 피드백을 하는 친구를 불편해해요.

 어떤 것을 할 때 친구의 도움을 받는 것을 좋아하지 않아요.

 생각을 공유하지 않고 혼자 해결하거나 결정을 내리는 편이에요.

 친구에게 나의 감정이나 생활을 굳이 이야기하지 않아요.

 나의 개인 공간에 친구를 초대하지 않는 편이에요.

 사물이나 신기한 일, 다른 생물을 관찰하고 탐구하는 것을 흥미로워하고 관찰력이 뛰어나요.

#공감은어려워
#똑부러지는결정
#똑똑한철학자
#의외의상담가

INTP 현욱

단♡짝 친구

▷ 관심 주제에 대한 이야기를 흥미롭게 듣는 친구
▷ 나의 아이디어가 대단하다고 칭찬해 주는 친구
▷ 뭐든 잘 잊어버리는 나를 챙겨 주는 친구

- ☑ 주변의 분위기에 쉽게 휩쓸리지 않고 매우 논리적으로 생각하며 침착해요.
- ☑ 관심 있는 것에 대해서는 깊이 탐색하고, 백과사전처럼 지식이 풍부해요.
- ☑ 감정에 얽매이지 않은 대답을 잘해서, 의외로 상담가 역할을 하고는 해요.
- ☑ 사람보다는 자연 현상 같은 복잡한 것을 탐구하는 걸 좋아해요.
- ☑ 자기 생각이 명확하기 때문에 고집이 세다고 느껴질 때가 있어요.
- ☑ 관심사에 집중하다가 물건이나 챙겨야 할 것을 잊어버릴 때가 많아요.
- ☑ 친구와의 대화 내용에 오류를 발견하고 설명하기 때문에, 친구들은 종종 지적받는 느낌을 느끼거나 긴장하곤 해요.
- ☑ 뭔가를 탐구할 때 자료를 충분히 수집하고 논리적으로 생각해요.

#걱정인형 #다정한사람 #온화하고섬세함 #의외의뒤끝

I N F J 선미

 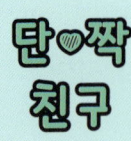

▶ 내 마음을 말하지 않아도 잘 알아주는 친구
▶ 나의 도움을 고맙게 받아 주는 친구
▶ 상상력이 풍부한 친구

 상상력과 호기심이 가득해서 감성이 풍부해요.

 생각보다 머릿속에 걱정을 많이 가지고 지내요.

 학급 내 친구 중 소외되거나 어려움이 있는 친구에게 관심을 기울여요.

 일대일로 대화를 해 보면 누구보다 다정다감하게 공감하고 잘 들어 줘요.

 친구가 표현하지 않은 마음을 예리하게 눈치채고 위로를 주기도 해요.

 잘 참고 온화하지만, 친구에게 마음이 상하면 은근히 오래 가요.

 묵묵히 자기 할 일을 잘 해내고, 그래서 떠올리면 든든해요.

 친구들이 별 뜻 없이 한 말을 너무 진지하게 곱씹어서 자신을 힘들게 할 때도 있어요.

INFP 태우

단짝 친구
- 변덕스러운 나의 이야기를 잘 들어주는 친구
- 나를 진심으로 칭찬해 주는 친구
- 예술적인 끼를 함께 나눌 수 있는 친구

- ✓ 상상력이 풍부하고 따뜻하며 잠재된 끼가 무궁무진해요.
- ✓ 자신의 불편함은 잘 드러내지 않고 잘 참는 편이에요.
- ✓ 관심 있는 것을 매우 구체적이고 생생하게 상상하고 표현해요.
- ✓ 생각한 것을 말로 설명하기보다 직접 만들어서 보여 줘요.
- ✓ 자기만의 높은 기준으로 자신을 평가해서 자괴감에 빠지기도 해요.
- ✓ 혼자만의 생각에 빠져서 준비물을 잊거나 약속 시간이 늦는 편이에요.
- ✓ 칭찬을 받으면 동기부여가 되어서 에너지를 쏟으며 열심히 해내요.
- ✓ 자기 생각과 친구의 생각을 모두 존중하는 너그러움을 보이기 때문에 거의 다투지 않고 모두와 그럭저럭 잘 지내요.

#꼼꼼한모범생 #빠른추진력
#책임감있음 #겉과속이같음

E S T J 민수

단짝 친구

▶ 감정적인 공감보다 현실적인 조언을 하는 친구
▶ 맡은 역할에 책임감 있게 행동하는 친구
▶ 지킬 수 있는 약속을 하는 친구

- ✓ 책임감이 강하고 성실해서 믿음직스러우며 약속을 잘 지켜요.
- ✓ 원칙을 지키는 것과 공정함을 중요하게 생각해요.
- ✓ 친구에게 보이는 겉모습과 속마음이 같아요.
- ✓ 자신의 추진 속도가 주변의 친구들에게 부담이 될 수 있어요.
- ✓ 모둠 활동에서 친구들을 이끌어 주는 모습을 보이곤 해요.
- ✓ 어떤 것을 하기로 결정하면, 바로 계획을 세우고 실천해요.

그런데 일의 완성도가 부족할 때가 있어요.

- ✓ 활발하고 유쾌한 모습이 있어서 장난을 잘 쳐요.

그렇다고 무례한 장난을 하지는 않아요.

#선입견없음
#시원시원한매력
#인생은즐거워
#모두의친구

E S T P 지현

단짝 친구

▷ 어려운 일도 걱정 없이 즐겁게 함께하는 친구
▷ 움직이며 즐겁게 생활하는 친구
▷ 새로운 모험을 함께 즐길 수 있는 친구

- ☑ 꼼꼼함은 떨어지지만 상황을 단순하고 명확하게 파악하는 재능이 있어요.
- ☑ 선입견 없이 누구와도 금방 친해질 수 있어요.
- ☑ 자기주장이 선명해서 친구들과 논쟁하기도 해요.
- ☑ 친구와 다투면 먼저 화해의 손을 내미는 친구예요.
- ☑ 다투더라도 감정을 오래 담아 두지 않아서 금방 마음을 풀고 소통할 수 있어요.
- ☑ 복잡한 생각이나 심각한 문제를 은근슬쩍 넘어가려 하기도 해요.
- ☑ 결과를 생각하지 않고 즉흥적으로 행동해서 친구들을 당황스럽게 할 수 있어요.
- ☑ 몸으로 행동하는 것을 좋아하며 유머 감각이 있어요.

E S F J 은정

#생기발랄함
#친구가좋아
#분위기메이커
#책임감리더

단짝친구

▷ 즐거운 분위기를 함께 만들 수 있는 친구
▷ 함부로 말하지 않고 배려하며 말하는 친구
▷ 친구들을 위해 무엇이든 같이 도와줄 수 있는 친구

- ✓ 단체 활동에서 진행자 역할을 맡겨도 즐겁게 해내요.
- ✓ 좋아하는 친구의 말은 무조건 믿고 의지해요.
- ✓ 언제 어디서나 친절한 모습을 보이며 친구들을 잘 도와줘요.
- ✓ 모두가 즐겁고 편안할 수 있도록 분위기 메이커 역할을 잘해요.
- ✓ 책임감이 강해서 무엇이든 꼼꼼하고 완벽하게 하는 것을 좋아해요.
- ✓ 잘하고자 하는 욕심이 크고, 그래서 미리부터 지나치게 걱정하기도 해요.
- ✓ 자신이 잘하고 있는지, 잘할 수 있는지를 친구에게 확인 받기를 원해요.
- ✓ 인정받고 싶은 마음 때문에 때로는 할 수 있는 일보다 더 무리해서 역할을 감당하려 하기도 해요.

#고민하기싫어
#유머는나의힘
#인싸로불림
#눈치가빠름

E S F P 민재

단짝 친구

▶ 나의 에너지를 진정시켜 주는 차분한 친구
▶ 유머 코드가 잘 맞고 함께 장난칠 수 있는 친구
▶ 심각한 일도 유쾌하게 받아들이는 친구

- ☑ 장난기가 많고 유머 감각이 뛰어나며 눈치가 빨라요.
- ☑ 붙임성이 좋아서 어렵지 않게 친구들 사이에서 인싸 생활을 즐겨요.
- ☑ 친구와 함께하지 않는 시간은 외롭다고 느끼는 편이에요.
- ☑ 어떤 상황에서든 유연하게 대처할 수 있고 어디서든 적응을 잘해요.
- ☑ 친구들이 원하는 것을 잘 맞춰 주고 반응해 주며 분위기를 이끌어요.
- ☑ 친구들을 잘 도와주지만, 자신이 무리하지 않는 선에서 행동해요.
- ☑ 복잡하고 심각한 것을 일부러 피하고, 계획대로 움직이는 것을 재미없어 해요.
- ☑ 좋지 않은 이야기를 들어도 주눅 들지 않고 한결같은 유쾌함을 보여요.
- ☑ 장난을 많이 쳐서 주의를 받는 경우가 종종 있어요.

#추진력대장

#정정당당하게

#카리스마리더십

#솔직한대화

E N T J 여진

단♡짝 친구

▷ 내 의견을 잘 따라 주는 친구
▣ 내가 하는 생각과 행동을 응원해 주는 친구
▣ 잘난 척하는 것처럼 말해도 나를 좋아해 주는 친구

- ✓ 대화나 문제 상황에서 핵심 파악을 잘해서 똑똑한 느낌이 들어요.
- ✓ 계획한 것은 머뭇거리지 않고 바로 실행하는 추진력이 있어요.
- ✓ 입에 발린 근거 없는 칭찬과 인정은 좋아하지 않아요.
- ✓ 언제나 공정한 판단을 하기 때문에 당당하고 리더십이 뛰어나요.
- ✓ 친구들과 꾸밈없는 솔직한 대화를 나누며 신뢰를 얻어요.
- ✓ 문제를 해결하기 위해서 친구의 마음을 생각하지 않은 말을 하기도 해요.
- ✓ 어떤 친구와도 잘 어울리지만 깊은 마음을 나누는 친구를 쉽게 만들지 않아요.
- ✓ 어떤 일이든 적극적으로 참여하고 에너지가 넘쳐요.
- ✓ 친구들이 자신처럼 빠르게 행동하지 않아서 답답해하곤 해요.

ENTP 준혁

#지루한건싫어
#반박시네말맞음
#모험심가득
#근거와논리

단짝 친구
- 엉뚱한 생각도 재밌다고 같이 웃어 주는 친구
- 나의 상상력을 잘 듣고 정리해 주는 친구
- 논리적으로 말하는 친구

- ✓ 지루한 것을 잘 견디지 못하고 유쾌한 일상을 중요하게 생각해요.
- ✓ 새로운 아이디어를 끊임없이 떠올리며 시도해요.
- ✓ 거침없이 행동하는 면이 있어서 친구들이 카리스마가 있다고 느껴요.
- ✓ 어떤 친구와도 쉽게 어울리고 자신의 이야기를 솔직하게 해요.
- ✓ 생각할 때 논리적이고 분석적이라 자기 생각에 자부심을 갖고 있어요.
- ✓ 나와 반대되는 의견은 충분한 근거가 있으면 쿨하게 인정해요.
- ✓ 친구들과 어울리다가도 혼자 있게 되었을 때 어색해하지 않고 시간을 의미 있게 보낼 수 있어요.
- ✓ 휴대폰에는 셀카 사진보다 흥미롭고 재미있는 사진을 많이 보관하고 있어요.

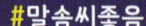 #말솜씨좋음

 #인정받고싶어

#사이좋게지내자

#의외로감성적

E N F J 경수

 **단짝 친구**

▶ 나의 행동을 응원하고 칭찬해 주는 친구
▶ 누군가를 돕는 일을 함께할 수 있는 친구
▶ 내가 많은 친구와 친해도 늘 내 옆을 지켜 주는 친구

- ✅ 친구들에게 관심이 많고 어울려서 노는 것을 좋아해요.
- ✅ 공감 능력이 뛰어나서 감성적인 모습을 보일 때가 있어요.
- ✅ 여러 친구와 사귀면서도 모두와 깊은 마음을 나눌 수 있어요.
- ✅ 친구가 다니는 학원에 다니거나 취미 등을 함께 하는 것을 좋아해요.
- ✅ 책임감이 강하고 남을 잘 배려하며 말솜씨가 뛰어나요.
- ✅ 주변 친구들에게 사랑받거나 인정받는 것을 중요하게 생각해요.
- ✅ 친구들의 의견을 잘 조율해서 좋은 방향으로 나아갈 수 있도록 도움을 줘요.
- ✅ 자신의 감정보다 친구와의 관계에 더 마음을 쓰곤 해서 자신의 마음을 돌보지 못해 힘들어해요.

#애굣덩어리 #천진난만함
#자유로운영혼 #순수한매력

E N F P 세아

단♡짝 친구
▶ 마음이 움직이는 일을 같이하는 친구
▧ 나의 즉흥적인 행동을 친절하게 멈춰 주는 친구
♣ 나를 단짝 친구로 생각하는 친구

- ✅ 풍부한 감수성으로 세상을 순수하게 바라보고 천진난만해요.
- ✅ 표정이나 행동에 마음이 그대로 드러나요.
- ✅ 나에게 마음을 연 친구에게 매우 다정다감한 모습을 보여요.
- ✅ 정이 많아서 단짝 친구가 자신과 더 많이 친밀하길 바라요.
- ✅ 계획적으로 행동하기보다는 자신의 느낌과 생각으로 자유롭게 행동해요.
- ✅ 사소한 일에 서운함을 느끼기도 있지만 금방 마음을 풀기도 해요.
- ✅ 특유의 열정으로 주변 친구들을 즐겁게 만들며 좋은 영향을 줘요.
- ✅ 이것저것 하고 싶은 게 많아서 우선순위를 정하는 것을 어려워해요.
- ✅ 친구에게 자신의 모든 이야기를 공유하는 편이에요.

MBTI 유형별 다선 어린이 추천 도서

E 외향형
유튜버 흔한남매의
우리말 티키타카!

#활발함 #외부환경에집중

I 내향형
생각 천재들의 생각을
내 것으로 만들기!

#조용함 #나의마음에집중

S 감각형
환상의 개그 짝꿍
라바의 지구 구출 작전!

#사실과경험 #구체적인정보수집

N 직관형
스타를 꿈꾸는 너에게
who? 스페셜 시리즈

#미래와가능성 #상상하며정보수집

T 사고형

지구 환경 문제와
해결책을 담은 그림책

\#원리원칙 \#사실적인판단

F 감정형

내 몸과 맘의
주인이 되는 법

\#따뜻한마음 \#조화로운판단

J 판단형

코딩 완벽 마스터!
히어로 액션 학습 만화

\#목적이분명 \#계획적행동

P 인식형

자유와 낭만을 꿈꾸는
마당 개 봉봉의 모험

\#기분이중요 \#즉흥적행동

정식 MBTI 검사 안내

아이의 가장 자연스러운 모습과
잠재된 가능성이 궁금한 부모님께

MBTI 성격 유형 검사는 국제적으로 널리 사용되고 있는
전문적인 심리 검사 도구입니다.
인터넷상에서 무료로 검사하는 MBTI 사이트는 정식 검사가 아닙니다.
정식 유료 검사가 필요하다면 아래 QR 코드를 통해 검사가 가능합니다.

**자녀 MBTI 검사 +
부모 MBTI 양육 보고서**

※ 초등학교 3학년부터 검사할 수 있습니다.
※ 어린이 혼자서 이용할 수 없습니다. 보호자와 상의하세요.

호시담심리상담센터
www.hosidampsy.com | 02-745-1052

이 페이지는 호시담심리상담센터와
마음씨가게에서 운영하는 **심리 상담 전문가
MBTI 프로그램 안내**입니다. 자세한 내용은
QR 코드와 호시담심리상담센터를 통해
확인하세요.

어린이 분야 최초 ✓✓
MBTI 성격 유형 만화 시리즈!

❶ 성격 유형

❷ 친구 관계

❸ 가족 관계

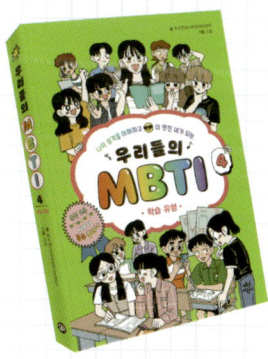
❹ 학습 유형

❺ 진로 선택

시리즈 특징

- 개성 가득한 MBTI 캐릭터들의 이야기를 만화로!
- 권별 주제에 관한 고민을 심리 상담 전문가의 답변으로 해결!
- 유형별 특징, 친구 관계, 가족 관계, 학습 유형, 진로 선택 수록!
- 권별 특별 부록 증정! MBTI 포토 카드, 공부 플래너, 스티커

★ 총 5권 ★